LES

CENT PANNEAUX DU SALON

ET LE JARDIN

GUIDE-ALBUM SYNOPTIQUE DE L'EXPOSITION DE 1877

(*PEINTURE ET SCULPTURE*)

Par A. L.

PREMIÈRE LIVRAISON — GRAND SALON ET LES SIX PREMIÈRES SALLES

PRIX : 50 CENTIMES.

SOUS PRESSE : seconde livraison, contenant les dix-huit autres salles.

LES

CENT PANNEAUX DU SALON

ET LE JARDIN

GUIDE-ALBUM SYNOPTIQUE DE L'EXPOSITION DE 1877

(PEINTURE ET SCULPTURE)

Par A. L.

Paris-Imp. PAUL DUPONT, 41 rue Jean-Jacques-Rousseau.

AVIS INDISPENSABLE

BUT ET EMPLOI DE NOTRE GUIDE-ALBUM SYNOPTIQUE DU SALON

Il n'est aucun des visiteurs, si nombreux des Expositions de tableaux, qui, tout en s'inclinant devant le volumineux *Livret officiel* contenant 624 pages in-8°, ne souffre le martyr, en cherchant le tableau qui attire son attention, parmi les 2,192 œuvres réparties dans 25 salons composés de CENT panneaux !

Le visiteur isolé s'impatiente de la peine qu'il a dans cette *chasse* à travers les 624 pages dont s'agit..... mais encore il ne fait souffrir que lui-même !

S'il a l'avantage d'accompagner sa femme, sa fille ou quelqu'un des siens, alors ce n'est plus de l'impatience, c'est une véritable torture.....

« — Mais... *Va donc!... — Dépêche-toi donc!... — Dieu! que tu es maladroit!!... — En finiras-tu?* » Voilà ce à quoi le fureteur du Livret s'expose, sans compter les scènes de la vie privée qui sont la conséquence de ce travail herculéen!! de cet insupportable mécanisme du solennel Livret officiel!

Nous avons inventé le remède à cette gêne : Non pas, grand Dieu ! que nous nous avisions de dire du mal de ce *Livret traditionnel*, dont on doit respecter *la forme*, et qui, du reste, donne des renseignements complets sur l'artiste, ses noms, prénoms, lieu de naissance, atelier d'où il est sorti, etc.

Le public en a pour la peine qu'il met à se renseigner : Et nous nous inclinons.

Aussi recommandons-nous tout à fait au visiteur qui achètera notre Guide-Album l'achat du Livret officiel, parce que l'amateur doit s'intéresser à tous les détails énumérés ci-dessus.

Seulement, c'est de notre impatience qu'est née notre invention qui est, d'ailleurs, très-simple; comme on va le voir.

*
* *

Emploi du Guide-Album.

Le visiteur entre dans une des salles (de 1 à 25), pour la Peinture.

Il se place, selon son goût, devant le panneau *Nord, Est, Sud, Ouest* de la salle choisie.

Il commence par la gauche du panneau; et il trouve, immédiatement, devant ses yeux, rangés comme la disposition même en a été décidée, lors du placement, tous les tableaux de la salle en question.

Il y trouve tout de suite les trois renseignements qu'il cherche et qui suffisent :

1° le numéro ; 2° le sujet ; 3° le nom de l'Artiste.

Le Livret officiel, emporté chez lui, donne au visiteur vraiment épris de l'art, tous les autres renseignements désirés.

Avec notre Guide-Album, dont les cent et quelques pages tiennent moins de place et se classent tout de suite, le visiteur peut choisir le panneau.

A la fin même de l'Album, une table alphabétique du nom des peintres, avec indication de son numéro et de la salle où se trouve son œuvre, satisfont tout de suite le visiteur qui cherche où est placé l'artiste de son choix.

*
* *

L'inventeur de ce petit livre se propose, l'année prochaine, si toutefois l'administration veut bien l'y aider, de publier le *Guide-Album* le jour même de l'ouverture, avec une appréciation artistique des œuvres. L'auteur conserve l'anonyme ; il peut néanmoins dire que son nom est sympathique à des personnes compétentes en matière de littérature et de beaux-arts.

∴

Quant à la sculpture, voici comment nous en avons relevé la nomenclature.

Nous supposons qu'on descende des salles de peinture au jardin par l'escalier qui se trouve à l'extrémité *Ouest*.

La première travée à gauche se présente ; on la suit.

Elle se compose de deux rangées de statues sur leur piédestal.

Nous les suivons, en regardant la première statue à gauche, de la première travée (Nord), et nous indiquons les statues de la seconde travée par un trait : =

Exemple : la première statue de la première travée est le n° 000 ; la première statue de la seconde est le n° 000, nous les indiquons ainsi :

	n°	sujet	auteur
et =	n°	sujet	auteur,

et ainsi de suite.

Arrivé à l'extrémité de la première et deuxième travée, le visiteur suit la première travée transversale à l'Est, dont il suit les œuvres.

Il prend ensuite la première travée Sud et la travée Ouest, puis il suit les travées horizontales, du côté Ouest et Est, en zig-zag.

La visite sera terminée lorsqu'il aura ainsi parcouru tout le jardin.

Les numéros sont indiqués dans cette excursion les uns à la suite des autres.

A. L.

SALON

Salle 25. GRAND SALON. Panneau Sud.

975 Judith à Béthulie GRELLET (Fois).		67 Rita, griffon écossais AUBREIL.	895 Le Dessin GASSER.	455 Saint Saturnin CHARTRAN.			
2005 Un Raisin STUCKELBERG.	1018 La Route du marché GUY.	303 Portrait BRICARD.	133. L'Etude dérangée BEAUCHAT.	2117 Cour de la mosquée Alhambra de Grenade VICO HERNANDEZ	994 Huitres et Poissons Mme GUÉRIN.	2083 La Source de Nellettes (Normandie) VAN MARCKE.	993 Bourriche de Gibier Mme GUÉRIN
952 Bras de la Seine à Haute-Isle GOBAUD.		73 Les Sabots de Noël AUSSAUDON.	57 Un jour de mars à la Mare aux Fées (Fontainebleau) ASSELBERGS.				

2060

Portrait
de l'auteur
VALLE.

13

Nature morte
Mlle ALCOTT.

337

Fleurs de Parc.

188

A Meudon
BERTHELON

Salle 25. GRAND SALON. Panneau Ouest.

991 Donnez à manger à ceux qui ont faim et à boire à ceux qui ont soif GUÉRARD. 37 Le Cidre nouveau Mme ANTIGNA. 1007 Los Pordioseros (Haute-Navarre) GUILLEMIN.	2042 La Magdeleine TOURNIER. 1006 Environs d'Artemare (Ain) GUILLEMET.	1015 Graziella GUNZBURG. 917 Les Roches de la Reine Blanche GEORGET. 271 La Jeunesse et l'Amour BOUGUEREAU.	1822 L'Inondation dans la banlieue de Toulouse ROLL. 936 Labour au Maroc GIRARDET (Eugène).	55 Une Etape de Cavaliers. ARUS.	935 Une Caravane marocaine au cap Spartel (Maroc) GIRARDET (Eugène).	992 L'Age d'Or GUÉRIN (Prosper). 995 Les Bords de l'Oise GUÉRIN DES LONGRAIS. 2021 Psyché abandonnée THIRION (Victor).	890 La Vierge et quatre Saints GARLIER. 1005 Les Falaises de Dieppe GUILLEMOT.

2015
La Mère Bignet
et son bouc
à Néris
THIELLEY.

339
Au
Colombarium
BUDKOWSKI.

940
La Cueillette
des pommes
GIRAUD
(Charles).

Salle 25. D à B. GRAND SALON. Panneau Nord.

2187 Le départ de Judith ZIER (Edouard)	1011 Portrait GUILLONY.		765 Le bon samaritain DUPAIN.	673 La lisière d'un bois DEMONT.		796 Les muses EHRMANN.	735 Les deux chèvres DE DRAMARD.
	852 Souvenir de Virieux (Ain) FONVILLE.	2095 A l'abreuvoir VERDIER.	177 Les apprêts BERGNIET.	2036 Rosa la fileuse TOMPKINS.	821 Un étalage de bric-à-brac FAU.		820 Objets d'Orient FAU.
	979 Marguerites GRIVOLAS.	2115 La sérénade VIBERT.		831 Le jeu de quilles FEYEN.	70 Le Rocher AUGUIN.		146 La vallée d'Amby BEAUVERIE.
1017 Bonheur perdu GUSSON.	2157 Les saules de Bourbet WATELIN						

982
Une paysanne russe devant son maître
GROMMÉ.

832
La toilette des Cancalaises
FEYEN.

176
Les crevettes
BERGERET.

2158
Marie de Bourgogne jure de respecter les privilèges de la Commune
WAUTERS (de Bruxelles).

92
Un chemin à Clamart
BAIRD.

2171
La fleur préférée
WORMS.

997
Le fumeur
Époque de Louis XIII
GUES.

865
Portrait
FOUQUE.

918
Plateau de la Belle Croix à Fontainebleau
GEORGET.

978
Pour une fête
GRIVOLAS.

189
Près de Charlemagne à Fontainebleau.
BERTHELON.

947
L'Aveugle et le Paralytique.
GLAIZE.

23
En pleine campagne
ALOPHE.

2179
Portrait des enfants de M. La Rochelle
YVON.

76
Manuela
AVIAT.

Salle 25. GRAND SALON. Panneau Est.

794 Saint-Léonard et le prisonnier EDOUARD.	156 David BÉGLAIR.	2041 La femme de Loth TOUDOUZE.			2050 Moustier l'échevin pendant la peste de Marseille (1720) TRUPHÈME.	885 Le Christ au tombeau GALLIAC.
2177 Le bas de Villiers YON.	6' Portrait du général Borel ACLOCQUE.	106 La ferme Louedin près Honfleur BARILLOT (Léon)	95 Ambroise Firmin Didot BAKALOWICZ.	107 Le vieux Jacques et ses bêtes BARILLOT (Léon)	2165 Portrait du roi des belges WINNE.	46 Les bords de la Creuse DELILLE (Armand).

Salon 1. D à G. Panneau Nord.

1014 La Ferme au pigeonnier GUILMARD.		598 Portrait de M. Ben-Tayoux DAISAY.	958 La Liseuse Gonzague PRIVAT.	943 L'automne à St- Paul-de-Varax (Ain) GIRIER ST-CYR.		892 Portrait GARNIER.	857 Chysanthèmes Mlle FORMIGÉ.
966 Portrait de M. Pierre Véron.	871 Au khan Kalif au Caire FRÈRE.	938 Une petite Fadette GIRARDET (Jules) 1003 Le village de Samois GUILLEMER.	916 Sentinelles gauloises 1004 Une mare dans la forêt de Fontainebleau GUILLEMER.	872 Un soir dans la Haute-Egypte. FRÈRE (Ch.-Théodore).	661 Portrait DELHUMEAU.	~~~~~ Porte.	882 Le Bas-Meudon GALERNE. 926 Louis XI en prière est surpris par son fou GIDE.

924

La soupe
en campagne
GIDON.

632

Moccoli
Fin du carnaval
à Rome
DE CONNICK.

1001

Portrait
de M. L. Buquet
Mlle Noémie GUILLAUME.

887

Quiproquo
don Quichotte
salue la servante
de l'hôtellerie
GAMBA
(Enrico).

818

ReinesMarguites
Mlle FANTY-LESCURE.

1012

Après laTempête
GUILLOU.

613

Lever de lune
DAUBIGNY
(Charles).

956

Portrait.

603

Dans l'atelier
Mlle DANIEL.

805

Bourriche
de
Quarantains.

939

Un verger suisse
GIRARDET
(Jules).

663

Au printemps
DELOBBE.

817

Pêches et raisins

899

Cat et ses chiens
GASSON.

873

Intérieur
à Ecouen,
des enfants
écossant
des haricots
FRÈRE
(P. Edouard).

Salle 1. D à G. Panneau Est.

1019 Portrait de l'auteur GUY.		902 La Flûte de Pan GAUDEFROY.	840 Portrait Mlle FILLEUL.	813 Portrait FALERO.	806 Un Dimanche matin Mlle ESCALIER.
981 Valet qui prend. (Souvenir du Nain jaune) GROLLERON.	886 Un Coin du marché de Delf au XVIIe siècle GAMBA.	727 Jésus condamné GUSTAVE DORÉ.	797 Portrait Mlle EHRMANN.	903 Chasseurs à table GAUDEFROY.	747 Portrait PAUL DUBOIS.
614 Vue de Dieppe Ch. DAUBIGNY.	942 Le Retour du Cabaret GIRAUD (Eugène).		954 Le Boulevard Rochechouart GOENEUTTE.	980 Les Meules de Bersagny GROSEILLIEZ.	

Salle 1. D à G. Panneau Sud.

855 Un plat d'huîtres FORET (Paul).		838 Portrait FICHEL.	970 Portrait GRANCHAMP.	983 Le hameau des Serrettes (Jura) GROS (Jules).			
596 Bacchus enfant DAGNAN- BOUVERET.	695 Portrait d'enfant DESMAREST (Louis).	950 La rivière de l'Aber Benoit GLAIZOT.	799 La première prière Mlle ENAULT.	610 Etude de femme DARGENT.			
915 Portrait GENTY.	730 Un gros chagrin « petit frère a du bobo » Mme DOUTRE- LEAU- D'AMTINCK.	815 Lecture FANTIN- LATOUR.		649 Chinoise au marché DELAMARRE.	845 Une ferme en Provence FLANDRIN.	844 Les bords du Gardon près le Pont-du-Gard FLANDRIN.	868 Lisant Rabelais FRAPPA.

987 En l'absence du maître GUAY.	986 Portrait GRUYER.	1027 Le printemps HAGERMANN.	846 Portrait de M. Crisafulli Mme FLEURY.	**767** Parlementaire DU PATY.	911 Portrait GENAILLE.	601 Les prairies de Mortefontaine DAMOYE.	896 La musique GASSER.
912 M. Purgon arrive mal à propos GUIDRON.	897 Cabane de bûcherons GASSIES.	Porte	933 Baigneuses Albert GIRARD.	965 La visite de condoléance GOUPIL (Jules)	810 Portrait Eudes de GUIMARD (Mlle)	960 Les cadeaux de noces GONZALÈS (Jean).	989 Portrait de M. Jouffroy (Institut) GUÉDY.
	842 Portrait FLAMENG.						

(Voir la suite du Panneau à la page suivante).

Salle 1. D à G. Suite du Panneau Sud.

638 Sous bois De Forcade. 619 Le défi Daunas.	807 Portrait de M. Cassoty Escudier. 607 Laveuses à l'Etang de Cernay Darnoize.	704 Portrait Desvignes. 941 La salle des Pas-perdus Giraud (Eugène).

Salle 1. D à G. Panneau Ouest.

791 Honni soit qui mal y pense ECHTER.	856 La Vierge Marie à quinze ans FORGERON.	875 Désespoir d'Œdipe FRITEL.			825 Quatre Amis FAVARD (Antonio).	Porte
878 Le Palais archiépiscopal de Salzbourg CAGLIARDINI.	729 Adam et Eve DOUCET.	898 Vue aux Gorges d'Apremont GASSIES.	827 Un Regard dans le Miroir FELON.	876 Près de Starenberg (Bavière) FRŒLICHER.	945 Abandon GIRONDE.	
809 Portrait de l'auteur ETEX.		829 Le Lundi de Pâques en Andalousie FERRY (I. GEORGES).	837 A l'Hôtel Drouot FICHEL.	722 Moissonneuses DMITRIEFF.		
811 L'Intérieur de l'ateier de M. Gérôme FAIVRE.						

Salle 2. D à H. Panneau Nord.

904 La Vierge, l'enfant Jésus et St Joseph GAUTHIER.	1016 L'enfant adoptif GUSSOW.	921 Chiens et piqueurs DE GESNE	623 Portrait de Mme Caillard			1080 A Bellerive lac de Genève HUGARD.	948 Fugitifs GLAIZE.
1078 Un nuage HUE.	690 La pauvrette DESCHAMPS. (Louis).	1009 Octobre à Vezelay GUILLON (Adolphe).	999 Portrait	931 L'homme à la pipe. GILL.	1023 Rivalité HADAMARD.	1013 Une école dans le Finistère GUILLOU.	

1022
Portrait
HABERT.

1054
Aux environs
de Cherbourg.
HERPIN.

814
La Décollation
de Saint Jean
FALGUIÈRE.

973
Le Chemin de
la fontaine de
Saint - Guinolé
(Finistère)
GRANDSIRE.

949
Portrait de
Mlle Jeanne Borie
GLAIZE
(P.-P Léon).

990
La Lettre
anonyme
GUÉRARD.

824
La Source
FAURE
(Eugène).

910
Supplice
d'un braconnier
GÉLIBERT

1092
Ravin
à Witznau
(Suisse)
HENBART.

751
Ne dîne
jamais en ville
Mme DUBREAU.

907
La Sœur
cuisinière
GAUTIER
(Amand).

717
A Saint-Pair
près Granville
(Manche)
DIDIER
(Jules).

968
Portrait
GOUPIL
(Léon).

927
La Jeunesse
de Ruyter
GIGOUX
(Jean).

1059
La Barre
(environs de la
Calle) Afrique
HERST.

[928
Primevères
GILBAULT.]

Salle 2. D à H. Panneau Est.

976 Pommes reinettes GRENIÉ.	859 Portrait FORSBERG.	901 Cour d'écurie GORSE.	666 Portrait. Mlle DELORME.	801 Portrait d'enfant ERNST.	Porte.
849 Le quai du Pothuis à Pontoise FONDIN.	869 L'embatage. FRÈRE Charles-Edouard	766 Saint-Gervais et Saint-Protais DUPAIN.		848 Sur la falaise près Trouville. FLICK.	
				836 Le cabaret de Ramponneau FICHEL.	

Salle 2. D à H. Panneau Sud.

1051 Une Marguerite HERBO (Léon).	1075 Landes au Louroux HUAULT DUPUY.	1025 Le Prophète Elie nourri par les corbeaux HADENGUE.	828 Portrait du comte de Mun, député Mlle FERRÈRE.	914 Portrait GENTY (Emmanuel).		1099 La Mort de Cléopâtre JACOB	1033 Mon Grand-Oncle HARO.
889 Ruth et Noémi Mlle GARDNER.	816 Portrait FANTIN-LATOUR.	835 La Parisienne à Cancale FEYEN PERRIN.	812 Le Secret FAIVRE (Tony).	1098 Giboulées chemin de Trivaux Meudon IWILL-CLAVEL.	1089 Escorte HYON.	1029 Le chef de l'âtre HANOTEAU.	
	823 Portrait FAURE.						

984
Jésus-Christ lave les pieds de ses apôtres
GRUCHY (Gabriel).

1002
Un Marché arabe (Algérie)
GUILLAUMET.

1021
Portrait
HABERT.

955
Retour de la pêche
GŒTHALS.

1028
Le Moulin
HANOTEAU.

893
La Sultane favorite
GARNIER.

1070
Petite fille perdue dans Paris
HOUSEZ.

1039
Un coin du Faubourg Saint-Honoré
HAYON.

1024
Idylle
HADAMARD.

1079
La Chute de l'Arve
HUZARD.

879
Le Christ au tombeau

1050
La Liseuse
HERBO.

1052
Pâturage dans les Pays-Bas
HERBST.

969
Canzonetta
GRANDCHAMP.

(*Voir page suivante la suite du Panneau*).

967
Intérieur
de ferme
(Belgique)
Goupil
(Léon).

834
Portrait
de M. Mollard
Feyers Perrin.

Salle 2. D à H. Panneau Ouest.

822 Roses de Noël Mlle FAULCON.	909 Cerf au bat-l'eau GELIBERT.			1045 Portrait HÉNAULT.	864 Portrait FOULONGUE.
858 Portrait Mlle FILIPPI.	1068 Phidias HILLEMACHER.	771 Artillerie légère allant prendre position DUPRAY.	1062 Archimède HILLEMACHER.	946 Brouillard d'automne. GIFFARD.	1095 Effet de matin. HARPIGNIES.
1044 Portrait Hédé HAUY.				954 La ménagère attentive GLUCK.	
1096 Les Pilotes IVERNOIS.				1097 La capture IVERNOIS.	

Salle 3. F à L. Panneau Sud.

1008 La Mariposa (Aragon) GUILLEMIN.	1087 Magasin d'un marchand juif (Algérie) HUYSMANS.	1141 Fraises des Alpes JUNDT.	1256 Les sables de Franchard. (Fontainebleau) LE CAMUS.	1086 Une poignée de légumes HUTIN.	1129 Bougival JOURDAIN.	1085 Un bouquet de cuisine HUTIN.	900 Environs de Pons Charente-Inf^{re}. GASSOWSKI.
1067 Portrait HIRSCH.	1094 Portrait ISRAELS.		1224 Le cierge à la madone XIIe siècle LAUGÉE.	1149 Le bois de Stolen dans la Campine. (Belgique) KNYFF.			1226 Le repas des moissonneurs LAUGÉE Georges).
	1307 Le colporteur du château Mlle Emilie LELEUX.						

906 Portrait GAUTIER (Amand).	Porte.	1590 Entrée de forêt NETTER.	1043 Portrait de l'auteur. HEBERT (Georges). 1111 Vallon de Kerhum (Finistère). JAPY.	1158 Agar et Ismaël KRABAUSKI. 1057 Un chasseur. HEIMANN (Léon).	1124 Portrait JOLYET.	1334 Les bords du Cher. LEPRAT. 908 Paysage Hollandais. GEGERFELT.	1136 Aubépines et boules de neige. JUBRÉAUX. 1030 Portrait HAGUETTE.

Salle 3. F à L. Panneau Est.

883 Portrait GALIMARD.	1046 L'intérieur d'un Freekschuit HENKES.	1162 Vue prise en Tyrol KUWASSEG.	1064 La fête de Saint-Germain. LABORNE.	1153 Un chemin dans les bois en automne KOECHLIN (Alfred).	1038 Portrait HAYON.
1047 Saint Jean- Baptiste. HENNER.	1128 Le jardin d'Alphonse Karr à Saint-Raphaël. JOULIN.	957 Portrait GÖLSE.	934 Un montreur d'Ours à Aurillac. GIRARD (Firmin).		1119 Les tambours de la République (1793) SIMENEZ.
	1065 Orientale HIRSCH.				1060 La marchande de coquillages HEULLANT.

Salle 3. F. à L. Panneau Nord.

894 La rêveuse GARRIDO.	1069 La gauloise HORSIN DÉON	1037 Aux environs de Cannes HASELTINE.	1082 Portrait du curé de Saint-Paul Mlle VUITEL.	1068 Portrait HODEBERT.	1026 L'attente HAGBORG.	1000 Halte de nomades GUIGNARD.	895 Le Dessin. GASSER.
1239 Les vases de Locmiaulic, rade de Lorient à marée basse Mme LAVILLETTE		1083 Jésus-Christ pardonne à la femme adultère HUMBERT.	1240 Kerpape près Lorient Mme LAVILLETTE		Porte.	964 Le vol de la Corneille. GOUBIE.	962 Forêt de l'Isle-Adam GOSSELIN.

1122 Les hauteurs de Meudon JOBARD. 930 Souvenirs d'un grand comédien GILL. 1077 Jeune marchande du Finistère HUBLIN.	1071 Primavera Mlle HOUSSAY. 1163 Un coin de ferme à Kralingen KUYPER. 1048 Le soir HENNER.	1109 Les fallaises (Marne) JACQUIN. 891 Portrait GARNIER. (Alfred). 1076 Coquette HUBLIN.	1088 Changement de garnison HYON. 1159 Corbeille de raisins KREYDER.	884 Avant-port du Havre GALLARD-LEPINAY. 1073 Portrait HUAS.	1123 Sur la rivière Houstanic Connecticut JOHNSON.

Salle 3. F à L. Panneau Ouest.

1084

Le bon Samaritain
HUOT.

1053

Le coucher des brebis.
HÉREAU.

1305

La veille de la fête en Suisse.
LELEUX (Armand).

972

Le moulin de Simonneau à Pont-Aven. (Finistère).
GRANDSIRE.

901

Baie d'Audierne
GAUCHEREL.

1118

Plateau de Bellecroix
DETTEL.

1040

Portrait de M. Gambetta
HEALY.

977

Enfance de Lulli
GREUX.

1055

Les marais salants au Pouliguen
HERPIN.

1093

Les bords du Doubs
NENBART.

1304

Un barbier de village en Suisse
LELEUX (Armand).

1306

Prélude
Mme Armand LELEUX.

1049

Matinée d'été, bords de la Marne
HENRIET.

Salle 4. G à L. Panneau Sud.

913 Gibier de plume GENOVÈS et L. LANSOL.	1360 La bonne aventure LEYGUE.	1282 Cour du vieux moulin de Gravelle LEGAT.	1095 Les bons camarades IZRAELS.	919 La communion à l'église de la Trinité GERVEX.	1161 Vue prise dans le canton des Grisons (Suisse) KUWASSEG.	1317 Pêcheuse de crevettes à l'Avervrach (Finistère) LEMAISTRE.	1127 La lande de Kérugiquer, près Pont-Aven. (Finistère) JOUBERT.
1108 La pauvrette JACQUET.		1066 Portrait de M. Isidor grand rabbin de France HIRSCH (Alphonse)	1081 Dans les douars du Sud (Algérie) HUGUET.		1148 Porteurs d'eau de village KNIGHT.	1105 Portrait du général d'Aurelles de Paladines Mlle JACQUEMART	1020 Un sabotier aux environs de Dreux HAAG.

888

Plage aux environs d'Antibes.
GAMBA DE PREYDOUR.

1131

Un déjeûner à Saint-Honorat
JOURDAN (Adolphe).

1145

Un cavalier, époque de Louis XIII
KIENLIN.

1032

Jeune bohémienne
HARMALOFF.

1107

Portrait
JACQUET.

Salle 4. G à L. Panneau Ouest.

1156

Transport d'une meule de grès en Russie
KOVALEWSKI.

1184

Le calme, vue prise à Pontoise.
LAMBERT (Alphonse).

1264

Le retour des pêcheuses des crevettes
LECOMTE (Paul).

1102

Un ravin à Novez (Finistère)
JACOMIN. (Marie-Ferdinand).

1142

Une partie de crocket
KAEMMERER.

1325

Inondation (Loire)
LE NAIL.

1150

Les prairies de Lagrange
KNYFF (Alfred de)

1143

Réminiscence
KELLER.

1106

Portrait
Mlle JACQUEMART

Salle 4. P à N. Panneau Est.

1115 Après la pluie JEANNIN.		1101 Un Baptême. JACOMIN.		1116 Dans les fleurs JEANNIN.	
937 Les petites Garde-malade GIRARDET (Henri)	2830	925. Intérieur de St-Marc à Venise GIDE.	923 La nuit GIACOMETTI.	953 L'appel des Balayeurs GOENEUTTE. 1036 Mary Mlle HARTOG.	1214 Portrait.

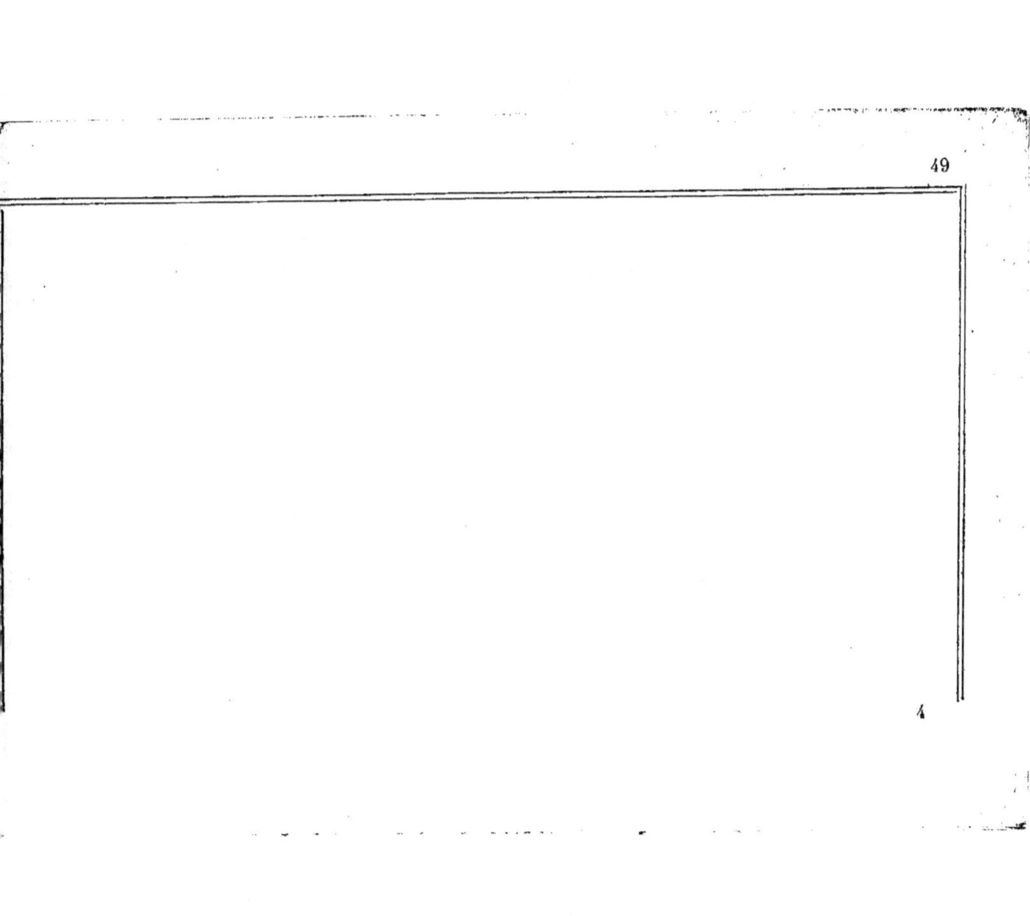

Salle 4. G à L. Panneau Nord.

1168 Entrée de la ferme, château de Perreuse, près Jouarre (Seine-et-Marne) La Catte. 1335 La ravaudeuse Leray. 1130 Venise Jourdain.	1133 Portrait Jouve. 1100 « Comme Madame ! » Jacob.	877 La rentrée à la ferme à Menucourt (Seine-et-Oise) Gabriel. 1031 Chez le garde. Haguette. 1056 Transport d'une meule de grès en Russie Kovalewski.	1113 Jeux de princes Jazet.	1090 La bonne aventure Innocenti.	944 Portrait de peintre Giron. 1041 Fraises des Alpes Jundt. 998 La Moisson Guesnet.	1147 Animaux sur la lisière du bois Kirschner, 2831	1390 Portrait de Mlle Alboni Low. (Porte)

1112 Crépuscule Effet de lune JAPY.		1140 Près d'une source JUNDT.	1152 Pâturage le matin KOECHLIN (Alfred).			920 Portrait de « mon ami Bréspot » GERVEX.
1146 Chaumière en Moravie KISCHNER (Marie).	1293 Portrait de M. Frémy LEHMANN.	1034 Le petit village de Chastenay (Allier) HERPIGNIES.	1292 Portrait de M. Naudet, de l'Institut LE LEMAN.	1072 Les Roses Mlle HOUSAY.	1125 Par distraction JOLYET.	1042 La muse des bois HEBERT (Ernest).
1154 Chaumière à Vigues, vallée de Chevreuse (Seine-et-Oise) KOECHLIN (Daniel).						

Salle 5. O à R. Panneau Est,

1991 Christ en croix SUBLET.	2147 La Paix et la Guerre WAGREZ.	1589 Thésée va combattre le Minotaure HÉMOZ.	Porte	1139 Douleur JULIAN.		974 Les Apôtres et les disciples au tombeau de la Sainte Vierge GRELLET.	
1665 Les Apprêts du trio PECRUS.	2068 Funérailles de Charles le Bon VAN BEERS.	1664 La Romance PECRUS.		1620 Souvenirs de Montigny-s-Loing ORRY (Abel).	1640 Tête d'étude PANTAZIS.	1273 Fruits LEENHOFF.	1104 Portrait de la princesse de S... Mlle LANDRÉ.
1121 Portrait Mlle JOANNIS.	1120 Portrait de Mgr l'évêque de V... Mlle JOANNIS.					1604 Dindons Mme NOGARO.	1309 Cour Arabe à Bou-Médine (Oran) LE LIÈVRE.

				1685 Un Mendiant bas-breton PESTIN.	1803 La Butineuse RISLER.
1725 vant le Salon POMEY.	1769 Portrait RAYNAUD.	1672 Après déjeûner PENET.	1705 Portrait Mlle SIGAULT.	1619 Le Golfe d'Ajaccio ORRY.	1837 Le Printemps ROSSANO.
1693 'Estacade des Pilotes à Flessingues par un gros temps PETITJEAN.		1669 Un Ruisseau en Lorraine PELLETIER.			

Salle 5. O à R. Panneau Sud.

1160 Un même Krugo (Edouard).	1835 Largo Ross.	2029 La Sainte Vierge Saint Pierre Saint Paul Saint Roch Saint Jean Saint Sébastien Tillier.		1091 A la Fontaine Innocenti.	1452 Saint Jacques le Majeur, apôtre Matout.	1683 Portrait de Mlle Reichemberg dans le rôle de Suzel (L'Ami Fritz) Pescador y Saldana.	1585 Le Baptême de Jésus Nanteuil.
1328 Armes, statuettes et grès Lepaulle.	1346 Les Joueurs d'échec Lesrel.	1758 Un Coin de ferme à Ouczy Rame.	1819 Une Jeune fille Robinson.	1195 Dénicheurs en forêt Laugeroch.		1196 La Montée de la Grande- Chartreuse Laugerock.	1280 Portrait Lefèvre (Victor). 1652 La cour d'un vieux Conack (Asie-Mineure Pasini.

1289

Marie Magdeleine au pied de la croix
LEGRAS.

Porte.

1653

Le Café
Mlle PASSERAT.

1216

Portrait
DE LARIVE.

1702

La Veuve du Malabar
PICOU.

1213

La Station d'Auteuil
LAPOSTOLET.

Salle 5. O à R. Panneau Ouest.

1157
Portrait
KRABANSKI.

1385
Une Grappe
pour un baiser
LOUDET.

1246
Djêma
(vendredi)
des Moresques
au Marabout
LAZERGES
(Hippolyte).

1204
L'Aurore
chasse
les ténèbres
LA PARNE.

1287
Les bords
de l'Oise
près Compiègne
Mlle LEGRAND.

1828
Portrait
ROQUES.

1650
Le Hasard
décide
PASCUTTI.

1190
La Pupille
du Suisse
LAMBRON.

1353
Portrait
LEVERD.

1178
Un Peu
de Coquetterie
LA FRANCE.

1838
Une Allée
d'arbres
à Honfleur
ROSSERT.

1678
Roses

1294
Saint Etienne
martyr
LE HOUX.

1179
L'Attente
LAGIER.

1181
Les bords
de l'Ellé
(Bretagne)
LAJARD.

1241
Une Corbeille
de fleurs
LAYS.

1579
Christophe
Colomb
après la
découverte
enchaîné
MURATON.

1247
Portrait
Mme LEBAS.

1286
Après le Péché
LEGRAND.

1189
Une Corderie
LAMBRON.

1164 La Fête de Saint-Germain LABORNE. 1393 Une halte d'avant-garde LUCAS. 1058 Aux Environs de Dordrecht (Pays-Bas) HERST.	1703 Fruits PIERDON.	1880 Portrait RUSSELL. 1337 A la Fontaine 1245 Falma la chanteuse LAZERGES (Hippolyte).

Salle 5. O à R. Panneau Nord.

1258 Fiançailles *in extremis* LE CHEVALIER.	988 Latone et les Paysans GUAY.					1236 Inquiétude Mme LAURENT DESNOUSSEAUX.	
1342 Les bords de la Loire et la vasière de la Basse-Indre à la marée basse LEROUX.	1232 Portrait Mme Pauline LAURENS.	1351 Pour Pleurer LE VALLOIS.	1209 On ne badine pas avec l'Amour LA PORTE.	1223 Bateau Berckois marée basse LATOUCHE (Louis).	1792 Vieux Pêcheur de Trouville RIBOT (Augustin).	1151 Portrait du docteur Vidal Mlle KOCH.	
	1221 La cueillette de Madame LASELLAZ.		1374 Une rue d'Etaples (Pas-de-Calais) LOBBEDEZ.			1871 Le Portrait de Biquette AUDOUX.	1864 Portrait ROYER (Lionel).
1103 Stella à Rome en 1698 JACQUAND.							

2160 Légende de Saint François d'Assise WEERTS						1439 Paysanne revenant des champs MASSON (Ernest).	1842 Sylla ROUCOLLE. 1104 Portrait JACQUAND (Claudius).
1716 Une Lecture PLASSAN.	1668 Forêt de Fontainebleau PELLETIER.	1818 Trappistes ROBINET.	1207 Les Prairies de Burret LAPOSE.	1713 Portrait PIOT NORMAND.	1394 Portrait LUCAS.	1243 Portrait de M. Bruno Lazerges, artiste au théâtre du Caire LAZERGES (Jean-Paul).	
						1872 La flotte de l'Avenir RUDAUX.	

(Voir la suite du Panneau à la page suivante).

Salle 5. O à R. Panneau Nord (suite).

1723 La jetée de Trouville POIRSON.	1791 Bretonne de Plougastel (Finistère) RIBOT (Augustin).	1851 Le Temps ROUSSEAU (Léon). 1861 La rivière de la Penfeld à Brest (Finistère) 1663 Souvenir de Croissy PECK. 1757 Les Tisseuses dans le village d'Arachova RALLI.

Salle 6. J à L. Panneau Nord.

1571 Un débarquement de blé. à Marseille MOUTE	1114 Fleurs de mai JEANNERET	1223 Bateaux berckois à marée basse LATOUCHE.	1731 St Paul devant l'Aréopage PONSAN (Debat)			1660 Intérieur d'un bois 1359 Portrait LEYENDECKER.	1117 Rangée de bouleaux au bord d'une mare Hollande septentrionale JETTEL.
1185 La Somme à Cocqueri LAMBERT (Eugène).	1213 La station d'Auteuil LA POSTOLET.	1318 Portrait de « mon père » LEMAN.	1308 Une rue de Tlemcen (Oran) LE LIÈVRE.	1275 Portrait LEFEBVRE (George).	1180 Au bord de l'Allier à Beaurecueil (Auvergne) LA HAYE.		1330 Tempête LEPIC.

1550

Une fête intime chez le Régent
MOREAU DE TOURS.

1274

Daïmio, costume de cour au Japon
LEFEBVRE (Charles)

Salle 6. J à L. Panneau Est.

1281 Pomone LEFORT DES ILOUSES.	Porte	1790 Petits pots Mlle RIBOT.	1843 La vérité ROUFFIO.	1804 Jeune femme RIVEY.	1255 Les pauvres, les affligés au dîner de famille (l'Eucharistie) LE BRUN.
1382 Une bonne pipe LOOMIS		1175 Portrait d'Emilie LAFOND.	1342 Les bords de la Loire et la vasière de la Basse-Indre LEROUX. (Charles)	1167 Vieux souvenirs LA BRÉLY.	1844 Mademoiselle « la neige » ROUFFIO.
		1260 Fleurs de pommiers LE CLAIRE		1290 Le soir LEGRAS.	
		1800 Portrait RIESENER.			

Salle 6. J à L. Panneau Sud.

1764
Portrait
RAVAUT.

1821
Le Joueur
d'orgues
ROEDER.

1832
Un bivouac
en Pologne
au XVIIe siècle
ROSEN.

1384
Convalescence
LOS RIOS.

1809
Les Zéphirs
d'un beau soir
ROBERT
(Léopold.)

1846
La Becquée
ROUGERON.

1642
Huîtres
PARISY.

1773
Cendrillon

1796
Route
des artistes
Fontainebleau

1865
Portrait
ROYER.

1137
Deux Coqs
vivaient en paix
JUGLAR.

1302
Salon de Crénille
(Seine-et-Marne)
LELEUX
(Adolphe).

1700
Fruits
d'automne
PICHON.

1797
Femme arabe
RICHOMME.

1646
Le Canal della
Giudecca
à Venise
Mlle PARMENTIER.

1626
Les Gaillards
OYENS.

	1132 Le fidèle gardien JOURDAN (Thodore).			1841 Le Pilori ROUBADI.	1692 L'Enterrement d'une sainte PETIT BREGNAT.	1746 Les Candidats PROUHO.
1138 Un Candidat JUGLAR.	1798 La Poupée chinoise RICHOMME.	1701 Rosa mystica PICHON (Auguste).	1767 Ignota RAVEL.	1784 Aux environs de Honfleur l'hiver RENOUF.	1754 Une Charmeuse NÈGE.	1860 Plâtrières de la butte d'Orgemont (Seine-et-Oise) ROUX (Paul).
1645 Le Tréport Mlle PARMANTIER					1836 L'amateur de violoncelle ROSS.	1795 L'aurore RICHET.

Salle 6. J à L. Panneau Ouest.

1135
Portrait
JOUY.

1753
Fleurs
QUOST.

1219
Les Perriers,
bœufs
au pâturage
LA ROCHENOIRE.

1155
Portrait
KONOWICZ.

1782
Souvenir
de la Charente
Mme RENON.

1810
Portrait
Mlle ROBERT.

1690
Le Cabaretier
PETIT
(Alexandre).

1848
Arrivage
des bois
de Norwège
à Honfleur
ROULLET.

1144
Louis XIV,
Mazarin et Marie
de Mancini
KIENLIN.

1333
Nature morte
LE POITTEVIN

1811
Bohémienne
Mlle ROBERT.

1689
Le vin gai
PETIT
(Alexandre).

1276
« Notre atelier. »
LEFEBVRE
(Georges).

1839
Le port
Saint-Nicolas
ROSSI GAZZOLO.

1741
Portraits
PRÉVOT.

1766
Les Rameaux
à St-Trophyme
d'Arles
RAVE.

1873
Tête de
jeune homme
RUDDER.

1134
Portrait
JOUY.

1228
Une des portes
d'Uscoup
(Prusias ad
Hypium)
(Asie mineure).
LAURENS
(Augustin).

1752
Corbeille
de fleurs
QUOST.

www.ingramcontent.com/pod-product-compliance
Lightning Source LLC
LaVergne TN
LVHW020044170826
845678LV00001B/430

* 9 7 8 2 3 2 9 6 9 1 2 3 7 *